La gran aventura de Lenara

Erwin Schüller

La gran aventura de Lenara

Un cuento de caballos

Erwin Schüller

www.erwin-schueller.com

Traducción y edición en español: © Erwin Schüller, 2022
Edición original en alemán: *Lenaras großes Abenteuer:*
© Erwin Schüller, 2022

Revisión de la traducción: Maria Enriqueta Schulz
                              Julia Lahiguera Cobacho

Diseño de cubierta y dibujos: Julia Lahiguera Cobacho

Página web: www.erwin-schueller.com
Email: eschueller@web.de

Impresión y editorial: BoD - Books on Demand
info@bod.com.es - www. bod.com.es
Impreso en Alemania – Printed in Germany

ISBN: 978-8-4137-3843-7

Para mi nieta Julia-Maria,
que ya a la tierna edad de dos años
se entusiasmó con los caballos,
y para todas las personas
que aman a los caballos.

1 Lenara va a ser vendida

Era una hermosa y soleada mañana de abril y Lenara estaba saltando alegremente por la pradera con sus amigos Amigo y Donna. Los tres caballos galopaban alegremente y una vez más Amigo fue el más rápido de todos. Allí había otros diez caballos pastando. Algunos trotaban lentamente, otros permanecían quietos, disfrutando del cálido sol.

Lenara, Donna y Amigo eran muy amigos y les encantaba jugar y correr juntos. Casi sin aliento llegaron al final del prado y se detuvieron. Las dos yeguas admiraban a Amigo, el potro negro macho que con sus diez años era el mayor. Las yeguas tenían sólo siete años.

— «¿Cómo haces para ser siempre tan rápido?», le preguntó Lenara a su compañero Amigo en lenguaje ecuestre, relinchando con fuerza.

— «Mi dueño me da una gran ración extra de avena cada semana que me da fuerzas», respondió Amigo.

— «A nosotros también nos dan una ración extra de avena, y además todos los días, pero siempre eres más rápido que nosotras», comentó Lenara.

7

— «Cuando lleguéis a mi edad, seréis igual de rápidas», relinchó Amigo, riendo.

Ellos vivían en un establo de caballos donde sus propietarios venían a visitarlos regularmente. El dueño de Amigo era un señor mayor que, por estar jubilado, tenía mucho tiempo libre y venía casi todos los días a dar un pequeño paseo. Donna era propiedad de una señora mayor que sólo aparecía los domingos, y la dueña de Lenara era Susi, una niña de diez años. Susi visitaba a su caballo todos los días y siempre le traía golosinas como zanahorias, que a Lenara le hacían mucha ilusión.

A lo lejos, los caballos oyeron ruidos de motor y giraron la cabeza. Lenara reconoció el coche azul de la madrastra de Susi, Katharina, pero no reconoció el segundo coche rojo que iba detrás.

Susi no tenía realmente una madrastra, porque Katharina aún no estaba casada con su padre, pero iban a casarse pronto. La madre de Susi había fallecido en un accidente de coche hacía ocho años, cuando Susi sólo tenía dos años de edad. Desde entonces, su padre había cuidado de Susi solo. Cuando él estaba trabajando en la oficina, una empleada venía a la casa para cocinar y hacer las tareas domésticas. Hacía unos meses, papá había conocido a una nueva amiga que se llamaba Katharina y se iba a casar con ella pronto. Entonces Katharina sería la nueva madre de Susi, madrastra para ser exacto.

Lenara ya había visto a esta mujer muchas veces, pero no la soportaba. Era antipática y miraba a los caballos con desprecio. Además, Lenara había oído muchas veces a Katharina hablar mal de ellos.

— «Esos bichos huelen fatal», le dijo a Susi en una ocasión, y en otra: «Espero que no te contagien las pulgas y otros parásitos estos sucios animales».

Era una cosa realmente mala, porque Lenara y sus amigos también estaban limpios y aseados y se les cepillaba todos los días.

La pobre Susi tiene una madrastra muy fea, pensó Lenara. Pero ahora corrió rápidamente por el prado hacia los establos para saludar a Susi, quien acababa de salir del coche y corría alegremente hacia el caballo.

— «Hola Lenara, mi amor», dijo afectuosamente, extendiendo la mano por encima de la valla de tablas y acariciando su cabeza. Katharina acababa de salir y estaba hablando con la dueña de la pensión, la señora Wagner. Un hombre desconocido también se había bajado del coche y estaba junto a ellos. Lenara escuchó atentamente y aguzó las orejas, curiosa por saber qué hacía aquí ese extraño hombre.

— «Sra. Wagner», dijo la madrastra a la posadera, «éste es el Sr. Dick y le gustaría comprar nuestro caballo».

Lenara se sobresaltó al escuchar esto. La dueña de la pensión puso cara de asombro.

— «¿Qué, quieren vender a Lenara? ¡Pero Susi se ha acostumbrado tanto a ese caballo! ¿Le parece bien entonces?»

La madrastra se puso el dedo sobre la boca e hizo una señal para que todos hablaran en voz baja.

Susi había estado tan ocupada con su caballo que no se había dado cuenta de la conversación. Lenara, sin embargo, estaba muy alterada y su cuerpo empezó a temblar ligeramente.

— «¿Qué te pasa, por qué estás temblando?», le preguntó Susi, dándole unas palmaditas en la cabeza para tranquilizarla.

Los tres adultos siguieron hablando en voz baja y Susi se dio cuenta ahora de que su futura madrastra mantenía una conversación con los otros dos. Se acercó al grupo y preguntó a Katharina:

— «¿Puedo sacar mi caballo ahora y montarlo?»

— «Sí, en un momento», respondió, «pero espera un poco. Este es el Sr. Dick, un médico de caballos, quiere echar un vistazo rápido a Lenara primero para ver si está sana».

Eso era una mentira, por supuesto. Katharina quería ocultar la venta del caballo, porque tenía miedo de que Susi armara un gran jaleo. Por lo tanto, el comprador debería examinar primero al animal con calma para luego llegar a un acuerdo. Susi no sospechó nada malo y pensó: Si un veterinario examina a mi caballo, no le puede hacer ningún daño.

La Sra. Wagner abrió la puerta y condujo a Lenara hasta el Sr. Dick.

— «Aquí tenemos a Lenara, un caballo muy bonito. Está bien cuidada y nunca ha estado enferma».

El Sr. Dick miró al animal desde todos los ángulos, acariciando su espalda y su cuello. Luego tomó su boca con ambas manos y la separó ligeramente para ver los dientes. Lenara se puso nerviosa y relinchó, no le gustaba que un extraño le mirara la boca.

— «Todo se ve muy bien en el viejo jamelgo», comentó el Sr. Dick después de mirar también las pezuñas.

— «Bueno, me alegro, pero el animal no es realmente un viejo jamelgo», dijo Katharina indignada.

«¡Sólo tiene siete años!»

A Susi le dijo:

— «Bueno, ensilla tu caballo y vete, pero hoy sólo tendrás una hora. Te esperaré aquí entonces».

— «Muy bien, Katharina», dijo Susi, y llevó su caballo al establo, donde la señora Wagner le puso la silla y las bridas. A continuación, le permitió a Susi atar las correas. Mientras tanto, Katharina y el señor Dick hablaban en voz baja sobre el precio del animal.

— «Bueno, cinco mil sí que vale», dijo la futura madrastra. «Al fin y al cabo, ha visto que está sano y tiene un aspecto maravilloso».

— «Le ofrezco tres mil», dijo el señor Dick, «es un buen precio desde mi punto de vista».

Los dos negociaron y discutieron un rato más y al final luego acordaron un precio de cuatro mil.

— «De acuerdo entonces, recogeré al animal mañana, alrededor de las once».

Katharina estuvo de acuerdo. En ese momento, Susi sacaba su caballo del establo. Y Lenara todavía pudo oír lo que decía el supuesto médico de animales:

— «Nos veremos mañana a las once».

Con eso se despidió, subió a su coche y se fue. Lenara pensó: Aja, así que este hombre viene a buscarme mañana, la madrastra de Susi me ha vendido.

Estaba horrorizada, triste y deprimida, porque no volvería a ver a Susi. Entonces, ¡hoy seria su último paseo! ¡No, no puede ser! ¡No puede ser!

Susi había montado mientras tanto y condujo el caballo a través de una pequeña puerta hacia el exterior. Ahora darían un paseo por los prados y campos de la zona, una ruta circular por la que ella había cabalgado muchas veces antes y que conducía por verdes colinas y caminos de campo. Sólo en raras ocasiones se encontraban aquí caminantes o incluso otro jinete.

Pero mientras cabalgaba, sintió enseguida que algo iba mal con su caballo.

— «¿Qué te pasa, Lenara?», preguntó, acariciándole el cuello de forma tranquilizadora. Ahora date un buen trote,

16

te sentirás mejor en un minuto. Le indicó al caballo que quería ir más rápido.

Sin embargo, Lenara seguía bastante sorprendida por lo que acababa de enterarse, pero no sabía cómo decírselo a Susi. Y Susi no entendía por qué hoy su caballo trotaba tan abatido y sin energía. ¿Tal vez estaba resfriado?

Así que hoy cabalgaban por el campo a paso lento, y cuando Susi regresó después de una hora y desmontó, le dijo a la señora Wagner:

— «Algo le pasa a Lenara, hoy estaba muy cansada. Tal vez el veterinario debería revisarla de nuevo mañana, ¿qué le parece?»

La jefa de la pensión de caballos miró a Susi con cara triste. Susi incluso creyó ver lágrimas en sus ojos.

— «¿Qué pasa, señora Wagner? ¿Está llorando?»

La mujer se limpió rápidamente los ojos con un pañuelo.

— «No, no. Un mosquito ha debido de entrarme en el ojo. Pero ahora ve rápido con tu madrastra, que te está esperando allí».

Susi se despidió y subió al coche con Katharina. Las dos se marcharon.

2 Un falso veterinario

Después del paseo, Lenara llegó al prado y sus amigos Donna y Amigo ya estaban pastando tranquilamente en el amplio pasto. Lenara trotó hacia ellos y fue recibida con un alegre relincho.

— «¿Por qué pones esa cara tan triste?», preguntó Donna.

— «Supongo que aún no lo sabéis», respondió Lenara, «me enteré por casualidad de que me quieren vender».

— «¿Qué?» Amigo y Donna estaban horrorizados.

— «¿Pero por qué, a quién se le ocurrió esa idea? Susi y tú, sois buenos amigos, ¿no?»

— «Sí, por supuesto, quiero mucho a Susi», dijo Lenara, «pero su futura madrastra es una mujer desagradable. No le gustan los caballos y siempre habla mal de nosotros. Y ahora ha dicho que es demasiado caro para ella pagar la pensión mensual. Por eso quiere venderme».

— «Es terrible», dijo Donna, «no puedo creérmelo. ¿Y sabes ya quién quiere comprarte y a dónde irás?»

— «Sí, antes he visto que había un hombre gordo, un tal señor Dick. Katharina negoció con el y llegaron a un acuerdo. Mañana me van a vender, este hombre quiere recogerme mañana mismo. Pero no me gusta la idea, y además, Susi no sabe nada todavía. ¿Qué voy a hacer?»

Los dos amigos se quedaron en silencio, mirando a su alrededor, perdidos. Amigo tomó la palabra.

— «Si yo fuera en tu lugar, me iría corriendo. Si ese hombre viene por ti, y tú no estás presente, pues no podrán venderte. Porque lo que no está no se puede comprar».

— «Es una gran idea», aceptó Donna, asintiendo con su gran cabeza.

— «Sí, es una gran idea», coincidió Lenara. «¿Pero a dónde podría ir y escapar. Y cómo? Estamos encerrados aquí, ¿no? No hay manera de que yo salga de aquí sin que me abran una puerta».

— «Tengo una idea», dijo Amigo.

— «Hay unas tablas de la valla en la parte trasera del corral que se habían roto y la han restaurado provisionalmente con cinta adhesiva. Si doy coces en el mismo lugar todo se romperá de nuevo y podrás salir sin problemas»

— «Es una buena idea», aceptó Lenara. «Si crees que puedes hacer eso, romper la valla, entonces podría correr y esconderme. Pero, ¿dónde se supone que debo ir? Todo lo que conozco es esta granja y nada más».

— «Bueno, tendremos que pensarlo detenidamente, pero primero puedes ir al bosque. Hay un bosque en esa colina, con muchos senderos forestales, aproximadamente un kilómetro hasta allí, y si corres rápido, llegarás en dos minutos. Incluso si alguien te persigue, puedes esconderte entre los arbustos en algún lugar del bosque y no te encontrarán pronto».

Los caballos mantuvieron su conversación un rato más y les gustó el plan de Amigo. Juntos trotaron a lo largo de la valla hasta la parte más alejada del prado, donde encontraban las tablas que habían sido reparadas con cinta adhesiva. Probablemente el obrero no había tenido tiempo de fijarlo bien con tornillos y seguramente pensó que así aguantaría unos días.

— «Ya ves, por este lugar puedes escapar sin problemas. Si lo golpeo una vez con mis pezuñas, todo se vendrá abajo».

Los caballos decidieron hacer eso mismo a la mañana siguiente, en cuanto volviera a aparecer el comprador de Lenara. Al anochecer se quedaron en el establo durante algún tiempo, hablando de esto y de lo otro. Lenara a menudo suspiraba profundamente exclamando:

— «Ay, qué va a ser de mí».

Pero Donna y Amigo la consolaron y le dijeron que no se preocupara demasiado, que todo saldría bien.

3 Grandes planes

A la mañana siguiente los caballos se despertaron temprano, al amanecer. Hacia las siete la señora Wagner vino con un cubo de avena y les dio de comer a los animales. Luego los condujo al prado, como hacía todas las mañanas cuando el tiempo no era demasiado malo. Pero hoy brillaba el sol, sería un día agradable y suave. Los tres amigos dieron una vuelta al galope por todo el prado y finalmente se detuvieron en la parte trasera del terreno, cerca de la valla rota.

— «Bueno, estoy muy emocionada», dijo Lenara a sus amigos. «Tengo mucho miedo de lo que viene».

— «Bueno, no estás obligada a huir», dijo Amigo amablemente.

— «También puedes quedarte aquí y que te vendan y luego a ver qué pasa. Quizá tu nuevo amo no sea tan malo después de todo».

— «No, no tengo ningún deseo de hacerlo», dijo Lenara con firmeza. «Quiero ser libre y volver a Susi algún día, pero si estoy atrapada con este hombre, no podré hacerlo.

22

Sin embargo, a dónde puedo ir ahora aún no lo sé; no puedo quedarme en el bosque para siempre».

— «Puedes encontrar suficiente para comer en los prados y pastos de los alrededores», dijo Donna, «y puedes dormir en el bosque o en sus bordes».

— «¿Pero qué pasa si una persona me ve? Seguramente querrán atrapar a un caballo caminando solo por el bosque».

— «En eso tienes razón», dijo Amigo pensativo, « aquí no hay caballos que vivan en libertad».

— «Libertad, sí, eso es. ¿Existe algún país donde los caballos puedan vivir en libertad?» Lenara estaba bastante entusiasmada con esta idea.

— «En América», dijo Donna, «hay caballos que viven salvajes en la pradera en grandes manadas. Y hay tanto espacio, campos y prados tan amplios que te dejarán vivir allí en paz».

— «Sí», coincidió Amigo, «realmente lo hay en los Estados Unidos. ¿Pero cómo va a llegar a América? Tendría que ir allí en barco, o en avión. Pero los caballos no pueden viajar en los aviones, ni tampoco pueden ir en un barco. Una persona tendría que registrarte y pagar por ti. Eso no funcionará. Pero conozco otro país donde los caballos viven libres».

— «¿Y dónde está?», preguntó Lenara con curiosidad.

— «En la Camarga en el sur de Francia, en el Mediterráneo.»

— «¿Y como es este país, esta Camarga?», preguntó Lenara.

— «Es una gran zona en el Mediterráneo. Un parque natural en el que viven libremente grandes manadas de caballos salvajes. Es una reserva natural, y por eso la gente no se mete allí, sino que deja que los caballos vivan su vida en paz».

— «Eso suena bien», dijo Lenara y Donna estuvo de acuerdo.

— «¿Y a qué distancia está eso de aquí?»

Amigo frunció el ceño y relinchó.

— «Bueno, está un poco lejos, a unos novecientos kilómetros. Eso significa que si caminas treinta kilómetros cada día, llegarás en treinta días».

— «¿Y cómo llego hasta allí sin un mapa?», preguntó Lenara, con cierta impotencia.

— «Bastante sencillo», opinó Amigo. «Si vas hacia el sur durante cuatro o cinco días seguidos, llegarás a los Alpes, que son una larga fila de grandes montañas. Entonces, allí giras a la derecha y durante diez días vas siempre recto. Las montañas las dejas a la izquierda, así que vas al oeste. Y después de diez días llegas a un río grande y ancho llamado Ródano. Este río va directamente al sur hasta llegar al mar. Eso te llevará unas dos semanas si marchas con diligencia todos los días. Después de unas dos semanas comienza la Camarga. Es fácil, la encontrarás, si es necesario puedes preguntar en el camino, todo caballo lo sabe. En la Camarga, te encontrarás con muchos caballos salvajes. Hay mucho que comer y beber, y conocerás otros caballos».

Lenara había escuchado con gran atención.

— «¿Así que esa es la tierra de la libertad para los caballos? ¡Ahí es donde tengo que ir! ¿Y vais a visitarme alguna vez?»

Amigo y Donna se sonrían y dijeron que probablemente vendrían algún día, pero que no sabían exactamente cuándo.

4 La huida

Los tres caballos estaban tan metidos en su conversación sobre el sur de Francia y la libertad que no prestaron atención a nada más. No vieron acercarse el coche rojo del Sr. Dick. Sólo cuando el señor hizo sonar el claxon para llamar la atención de un perro en medio de la carretera, los caballos se sobresaltaron, viendo que el señor Dick acababa de entrar en la granja.

— «Ya es hora, compañeros», dijo Amigo, «hay que mantener la calma. Creo que me adelantaré y derribaré la valla, para no perder tiempo después».

— «Oh, estoy tan emocionada», relinchó Lenara, y Donna la tranquilizó diciendo que todo iría bien.

— «No tengas miedo, estamos aquí contigo». Para entonces Amigo ya se había acercado a la valla. Se puso de espaldas en la parte rota, miró hacia atrás un momento para apuntar, y luego golpeó con fuerza con ambas patas traseras, dando de lleno en la tabla superior. Esta se partió en dos y los pedazos salieron volando hacia fuera.

— «Buen tino, amigo», dijo Donna con aprobación.

— «Ahora haré lo mismo con las tablas de abajo», dijo Amigo, y volvió a golpear con fuerza. Y se hizo una enorme abertura en la valla.

— «Hasta los elefantes cabrían por ahí», dijo Donna, riendo.

— «¿Queréis que me vaya ahora mismo?», preguntó Lenara emocionada.

— «No, espérate un momento, tal vez la venta no se realice después de todo».

— «Sí, si tú lo dices», dijo Lenara, «esperaremos un poco más».

— «Pero apartémonos de este lugar abierto, para no llamar la atención».

Trotaron un poco hacia los establos y luego esperaron junto a la valla.

No tuvieron que esperar mucho, ya que el coche azul de Katharina estaba entrando en el patio. Y en la distancia vieron cómo la mujer salía y hablaba con el señor Dick. Ambos miraron a los caballos que estaban apartados a unos doscientos metros.

— «Así que», dijo Amigo, «esos dos han llegado en sus coches. Nos pondremos en camino. Los dejaremos salir, y luego tú te pones a correr, Lenara, y a toda velocidad pasas por la valla abierta hasta el bosque. Entonces yo intentaré retenerlos, porque tratarán de perseguirte. Pero no los dejaré pasar».

— «¿De verdad crees que puedes hacerlo?», preguntó Donna un poco dudosa. «No te preocupes», respondió Amigo, «si me pongo de pie y me paro sobre mis patas traseras, se asustarán mucho, ya verás».

De repente, todo pasó muy rápido. Los dos coches se acercaron y se detuvieron junto a los caballos. El Sr. Dick y Katharina salieron. La mujer se acercó a la valla, deslizó un manojo de hierba recién recogida entre las tablas e hizo ruidos para atraer a los caballos.

— «Querida Lenara, ven aquí, vamos a dar un paseo».

Lenara relinchó enfadada y dijo a sus amigos:

— «Qué cabra más estúpida. Debe pensar que soy totalmente tonta, ¿eh?»

Amigo le dio la orden.

— «¡Bueno, aquí vamos! ¡Corre y luego vete de aquí!»

Lenara corrió un poco hacia el establo primero, y Katharina gritó histérica:

— «¿Qué está haciendo ahora? Creo que tenemos que volver, ella quiere ir hacia el establo». Pero de repente Lenara dio un giro de 180 grados y galopó a toda velocidad hacia el final del prado y en un instante salió por la abertura de la valla y luego tomó el camino hacia el bosque. Sólo entonces el señor Dick y Katharina se dieron cuenta de que la valla de tablas estaba rota, y se quedaron boquiabiertos. El Sr. Dick gritó:

— «¡Debemos ir tras ellos! ¡El caballo se escapa!»

Los dos se apresuraron a llegar a sus coches, subieron y arrancaron los motores. Pero Amigo ya había salido fuera y se puso de pie sobre sus patas traseras y agitando las delanteras, amenazando al Sr. Dick en su automóvil. Este bajó la ventanilla.

— «¿Qué le pasa a ese animal, se ha vuelto loco? Abre paso, viejo jamelgo», gritó enfadado por la ventanilla. Pero Amigo se enfadó tanto que se acercó aún más. Se levantó sobre sus patas traseras y dejó que sus pezuñas delanteras golpearan el suelo justo delante del coche.

El Sr. Dick seguía pensando como podía alejar al caballo, y comenzó a tocar la bocina salvajemente. Mientras lo hacía, dejó que su motor aullara. Sin embargo, esto enfureció aún más a Amigo que se encabritó de nuevo y estrelló sus pezuñas delanteras contra el capó del Mercedes rojo del señor Dick.

Así que los fuertes golpes dejaron dos enormes abolladuras en el coche.

— «Esto es indignante», chilló el Sr. Dick por la ventana, «estos caballos tienen la rabia.¡Voy a demandar a la dueña de la pensión! Ahora quítate de en medio, estúpido animal o te atropellaré», le gritó al caballo y volvió a tocar el claxon con fuerza.

Pero Amigo no se dejó intimidar y se enfureció más aún encabritándose otra vez. Sus dos pezuñas delanteras se estrellaron contra el parabrisas del coche, haciendo que el cristal se hiciera añicos y todo el parabrisas se rompiera en mil pedacitos así que ahora estaba totalmente roto. El Sr. Dick ya no podía ver a través de él. Apagó el motor, subió la ventanilla y sacó su teléfono móvil del bolsillo. Llamó al número de emergencia de la policía.

En ese momento, Lenara ya había llegado al borde del bosque y desapareció por un sendero forestal. Katharina gritaba ahora con fuerza desde su coche:

— «Nuestro caballo se ha escapado, esto es culpa suya, Sr. Dick. ¿Por qué sigue ahí parado? Tenemos que perseguir el animal».

Ella empezó a tocar el claxon repetidamente. Pero Amigo se acercó lentamente hacia ella enfureciéndose frente a su coche. Katharina se asustó, puso la marcha atrás y retrocedió tan rápido como pudo hasta la entrada de los establos.

El Sr. Dick, mientras tanto, estaba al teléfono con la policía.

— «Necesito su ayuda», gritó alterado al teléfono.

«¡He sido asaltado por un caballo rabioso! Ha destrozado mi coche y no puedo conducir ya».

El policía se rió y luego dijo algo burlón:

— «Está bromeando, ¿verdad? Nunca he escuchado algo así, de que un caballo tenga la rabia. Eso sólo lo tienen los perros y los zorros, no?».

— «¡No se burle de mí!», exclamó excitado el señor Dick al teléfono. «Envíen un coche patrulla a la carretera principal junto a la pensión de caballos Wagner en Unterwaldingen».

— «¿Está usted herido?», preguntó el policía.

— «No, pero mi coche está destrozado, tiene abolladuras y los cristales están rotos».

— «Bien, entonces enviaré una grúa. Espere en el coche. La grúa puede tardar una hora en llegar».

— «Pero no puedo esperar tanto tiempo», gritó furioso el señor Dick al teléfono. Sin embargo, la conversación ya se había cortado. El oficial debía haber colgado.

—«¡Es escandaloso la forma en que se nos tratan aquí!», refunfuñó el Sr. Dick. «Mi mujer tenía razón después de todo. No hay que comprar un caballo. Sólo te va a traer problemas».

5 Katharina es muy dura

El martes, Susi había ido al colegio por la mañana y llegó a casa sobre la una. Katharina ya había regresado de la granja de caballos y estaba muy molesta porque la venta de Lenara no se había realizado.

Ya estaba preparado la comida y la había puesto en la mesa para Susi, pasta con salsa de tomate y queso parmesano.

— «No podemos ir a los caballos esta tarde», dijo Katharina mientras Susi comía su pasta.

— «¿Por qué no?», preguntó Susi malhumorada.

— «Tengo que hacer algo en la ciudad esta tarde».

Eso no era verdad y sólo lo decía porque no quería que Susi se enterara de todo lo había pasado en la granja.

— «Te quedarás hoy en casa. Haz los deberes un poco más a fondo que de costumbre», dijo Katharina en tono severo y se preparó para irse.

— «¿No puedo llamar a Sibylle? Estoy segura de que su madre nos llevaría a la granja».

— «No, eso está descartado. Hoy te quedarás en casa. Y no te atrevas a desobedecer mis instrucciones. En caso contrario habrá problemas y no podrás cabalgar durante todo el mes».

Con estas palabras Katharina se puso el abrigo, cogió su bolso y salió del piso. Susi estaba muy enfadada, incluso le salieron unas lágrimas. Estaba triste porque hoy no podía ver a Lenara. De mal humor, terminó su plato y luego se dirigió a su escritorio, donde sacó de su mochila sus libros de texto y cuadernos de ejercicios.

Estaba mirando su libro de deberes cuando sonó el teléfono. La pequeña pantalla del teléfono mostraba el número de su padre.

Encantada respondió a la llamada.

— «¡Hola papá!»

— «Hola Susi», sonó desde el receptor.

— «Bueno, ¿cómo estás?»

— «No muy bien», dijo Susi. «Katharina me ha prohibido ir a montar hoy.»

— «¿Pero por qué?»

— «No lo sé. Se ha ido a la ciudad y probablemente no volverá en toda la tarde. Y como nadie puede llevarme, no puedo llegar a la granja».

— «Bueno, no es problema», dijo su padre, «puedo recogerte, ¿qué te parece?».

— «Oh, que bien, sería genial», exclamó Susi encantada. «¿Realmente puedes llevarme?»

— «Claro que sí, tengo esta tarde libre, así que podemos hacer algo juntos. Pero todavía tienes que hacer tus tareas, por supuesto, o tendrás problemas con tu futura madre».

— «Madrastra, no madre», dijo Susi desafiante. «Por supuesto que voy a terminar mis deberes ahora mismo. Estaré lista en una hora. ¿Vendrás entonces?»

— «Sí, digamos que a las tres y media. Así tendrás un

poco más de tiempo y definitivamente habrás acabado. ¿De acuerdo?»

— «De acuerdo», dijo Susi, «entonces me alegro de que podamos visitar a Lenara más tarde.»

6 Papá, el salvador

Susi hizo hoy sus deberes con rapidez y terminó poco después de las tres. Esperó impaciente a su padre y poco antes de las tres y media oyó que se abría la puerta y entraba su padre.

Alegre corrió hacia su padre, y éste la abrazó y le dio un beso en la mejilla.

— «Hola Susi, ¿has terminado las tareas?»

— «Sí, ya he terminado, podemos irnos ahora mismo».

— «Perfecto, entonces vístete y nos vamos».

Diez minutos más tarde llegaron a la pensión y atravesaron la puerta que daba entrada al gran aparcamiento que había frente a la caballeriza. Susi salió corriendo directamente a la caseta donde siempre estaba su Lenara. Pero su sitio estaba vacío.

— «Pero ¿dónde está mi caballo?», gritó Susi con asombro.

— «Lenara», le llamó en voz alta, pensando que el caballo podría estar en otro establo. ¿Tal vez estaba pastando? Cuando Susi salió del establo, se encontró con la señora Wagner.

— «Estoy buscando a Lenara. ¿Ya la ha sacado a pastar?»

La señora Wagner con cara triste negó con la cabeza.

— «Entonces, ¿dónde está?», preguntó Susi ya un poco preocupada.

— «Tengo algo que decirte Susi, aunque lo siento mucho».

Mientras tanto, su padre que también había salido se unió a las dos.

— «Papá, Lenara no está aquí», dijo Susi muy alterada, y el padre con cara de asombro miró interrogativamente a la señora Wagner.

Ella se armó de valor y dijo:

— «Lo siento mucho, pero su caballo ya no está aquí».

— «¿Qué?», gritó Susi bastante emocionada, y el padre preguntó: «Pero ¿dónde está el animal?».

— «Lenara se soltó y huyó», dijo la señora Wagner, «pero hubo una razón para ello. Ayer vino un hombre gordo aquí, el Sr. Dick, con un coche rojo, ¿te acuerdas, Susi?»

— «Sí», dijo Susi, «el veterinario».

— «No, ese señor no era un veterinario, tu madrastra te mintió. Este hombre quería comprar el caballo. Y su esposa, señor Schmidt, tenia intenciones de vendérselo sin que Susi se enterara. Y por esa razón dijo que el hombre era veterinario, pero en realidad él lo que quería era echar un buen vistazo al caballo antes de comprarlo».

Susi miró a la señora Wagner con los ojos muy abiertos y se quedó completamente sorprendida. Su padre también se horrorizó y preguntó incrédulo:

— «¿Así que dice que mi futura esposa quería vender el caballo?»

— «Sí», dijo la señora Wagner, «eso es lo que quería. El señor Dick y su esposa llegaron a un acuerdo en el precio. Pero cuando volvieron ayer a recoger al caballo, esté se escapó por un hueco de la valla. Creo que se dio cuenta de que iba a ser vendida. Los caballos no son estúpidos, al fin y al cabo».

— «Pero, en primer lugar ¿cómo ha podido atravesar la valla?», preguntó el padre, bastante atónito.

1 — «Había un lugar roto en la valla y uno de los potros le dio una patada. Entonces las tablas se rompieron y la valla quedó abierta. Así que los caballos pudieron salir por ahí y escaparon a la carretera».

— «¿Qué, han desaparecido varios caballos?», preguntó el padre.

— «No, Lenara es la única que huyó, pero el caballo negro Amigo amenazó y detuvo a los coches que intentaban perseguir a Lenara. Incluso destrozo el coche del Sr. Dick con sus pezuñas delanteras. Ahora tiene grandes abolladuras en el capó y el parabrisas está roto. Creo que Amigo sabía exactamente lo que estaba haciendo. Quería evitar que ese hombre persiguiera a Lenara. Y le ayudó a escapar».

A estas alturas Susi estaba desconsolada y sollozando.

— «Esto es terrible, mi Lenara se ha ido, papá. ¿Qué vamos a hacer?»

El padre trató de calmar a la niña:

— «No te preocupes, la vamos a encontrar. No puede haber ido tan lejos. Mandaremos que se la busque y luego la traeremos de vuelta. Pero que mi mujer haya querido vender el caballo, es realmente impactante, no puedo creérmelo todavía».

— «Sí, a mí también me chocó», dijo la señora Wagner, «sé lo apegada que está su hija a ese animal. De verdad que no fue una buena acción por parte de su futura esposa, el vender así a Lenara».

— «¡¿Futura esposa?!», dijo el padre en voz alta y enfadado. «Habrá que ver si llegamos a eso. Tendré que hablar seriamente con ella. Es una impertinencia por su parte querer vender el animal sin decírmelo. Vamos Susi, ahora nos iremos a casa. Dígame, señora Wagner, ¿por dónde se escapó Lenara?»

— «Pues, por ese camino hacia el bosque, y después

desapareció detrás de los árboles».

— «Y este bosque es bastante grande, ¿no?», preguntó el padre.

— «Sí, el bosque tiene varios kilómetros de largo, pero no es tan grande. Después de unos diez kilómetros finaliza y comienzan grandes campos y praderas. Puede preguntarle al guardabosques, Sr. Schulze. Tiene su casa en el bosque y siempre se pasea por allí para ver si todo está bien. Tal vez haya visto al caballo en alguna parte. Y si no, también puede conducir hasta el final del bosque y llegará al pueblo de Wiesenheim. Tal vez la hayan visto por allí en alguna parte. Pero no se preocupen, los caballos pueden aguantar solos durante un tiempo, encuentran comida y agua en todas partes. Y si tuviese hambre o nostalgia, podría volver pronto a nuestro establo».

— «Sí, eso esperamos, por supuesto», dijo el padre.

— «En cuanto sepa algo nuevo, les llamaré, Sr. Schmidt. Y si descubren algo mas, avíseme. Y tú no te preocupes Susi, estoy segura de que tu caballo volverá pronto».

Susi se limpió las lágrimas del rostro acurrucándose junto a su padre, que le acarició el pelo para calmarla.

— «Vamos mi niña, ahora mismo nos iremos a Wiesenheim a echar un vistazo y ver si alguien ha visto a Lenara».

A eso se subieron al coche y se fueron.

— «Es todo tan horrible», dijo Susi.

— «Sí, es realmente terrible, jamás hubiera pensado que Katharina fuera capaz de hacernos esto. Estoy muy enfadado con ella. ¡Si es así, que se busque otro hombre! Pero ahora vamos a dar un paseo y luego pensaremos qué podemos hacer».

En Wiesenheim preguntaron por todas partes si alguien había visto un caballo solitario, pero nadie sabía nada. Estaban a punto de abandonar la búsqueda cuando un agricultor les aconsejó:

— «¿Por qué no preguntáis al guarda forestal? Vive al acabar el bosque, en Tannenweg 1».

De hecho, tuvieron suerte con el guardabosques. Dijo que había visto un caballo solitario marrón hacía dos horas, pero que había huido cuando su hijo quiso atraparlo.

— «¡Era Lenara, papá!», gritó Susi emocionada. «Tenemos que buscarla. ¿Por dónde se fue corriendo?»

— «Corrió hacia el sur, hacia el siguiente bosque», dijo el hombre.«Pero pronto oscurecerá, no tiene sentido que deambulen por el bosque buscando. Es mejor esperar hasta mañana».

— «El señor tiene razón, Susi», dijo el padre. «Continuaremos con la búsqueda mañana. Muchas gracias»

— «¡De nada, y buena suerte con la búsqueda!»

7 Lenara disfruta de su libertad

Lenara se quedó sin aliento cuando llegó al borde del bosque. Se volvió y miró hacia la granja de caballos, que estaba a más de un kilómetro de distancia. Se veía tan pequeña como de juguete. Nadie la había seguido, así que todo había salido bien. A lo lejos, vio a Amigo enfurecido delante del coche. Él había evitado que los coches la persiguieran y la había salvado.

— «Amigo es un verdadero amigo», murmuró Lenara y desapareció en el bosque. Anteriormente ya había cabalgado por este bosque con Susi y conocía algunos de los senderos, pero nunca se había adentrado tanto en su interior. Ahora me alejaré lo más posible de la granja, pensó. Después de todo tal vez intenten perseguirme. Lenara trotaba de buen humor por el sendero del bosque entre altos árboles y estaba feliz por su libertad. A la izquierda y a la derecha había abetos, a veces árboles de hoja caduca como el haya o el roble. El camino se adentraba cada vez más en el bosque, pero el sol brillaba y se podía ver el cielo azul por encima de las copas.

De buen ánimo, Lenara seguía trotando por el verde bosque cuando llegó a una bifurcación. A la izquierda bajaba la colina hacia un valle y a la derecha había una pradera abierta.

Oh, sí! Un poco de hierba verde y fresca me vendría bien ahora, pensó y salió con cuidado del bosque. Ante ella se extendía un gran espacio abierto y a lo largo y ancho no se veía a nadie. La hierba le llegaba hasta las rodillas y por todos lados había plantas frescas y exuberantes. Maravilloso, pensó. Esto era justo lo que había deseado. Comenzó a pastar. El tiempo era maravilloso, el sol brillaba y Lenara estaba de buen humor. Durante media hora caminaba lentamente por el prado y comía algo aquí y algo allá, escogiendo las mejores plantas.

De repente, ella oyó el sonido de un motor. Al volverse vio un coche verde que salía del bosque. Dos hombres iban sentados en ello, uno mayor y el otro mas joven. Cuando vieron el caballo, se detuvieron y se bajaron del coche. El chico le dijo al hombre mayor:

— «Mira papá, qué caballo más bonito, ¿a quién crees que pertenecerá?»

— «No tengo ni idea, nunca lo he visto antes por aquí», dijo el padre. «Tal vez se haya escapado y su dueño lo esté buscando».

— «Sí, pero entonces sería bueno que lleváramos el caballo a nuestra casa y lo guardáramos hasta que alguien venga a buscarlo».

Lenara había escuchado la conversación y miró a los dos hombres que aún estaban a unos cincuenta metros de ella. No, no dejaré que me llevéis ahora, pensó y relinchó con rabia. El padre se dio cuenta y le dijo a su hijo:

— «Creo que deberíamos dejar al animal en paz. No querrá venir con nosotros. Además, el dueño podría estar por aquí para recogerlo ahora mismo».

El chico no quedó satisfecho con la respuesta de su padre y caminó lentamente hacia el caballo.

— «Ven aquí, mi querido caballo», dijo con voz tentadora, pero Lenara relinchó con más rabia y escarbó con los cascos. Ahora vio que el chico tenía una cuerda en la mano izquierda. ¿Tenia intenciones de atraparla?

Debo alejarme rápidamente, pensó la yegua, o me atrapará. Y dio la vuelta galopando tan rápido como pudo a través del prado y lejos de los hombres.

— «Eso es lo que se obtiene actuando así» dijo el padre a su hijo, «no deberías haber preocupado al animal».

— «Lo siento, no era mi intención», dijo el hijo, poniendo cara de pena. Vio al caballo desaparecer en la distancia, hacia la otra zona del bosque.

Mientras tanto Lenara había llegado de nuevo al bosque y giró la cabeza para mirar hacia el prado. Los dos hombres subieron a su coche y desaparecieron en el bosque.

Bueno, me deshice de ellos, pensó, tendré que tener más cuidado para que no me vuelva a pasar algo así. Lo mejor que podría hacer es quedarme dentro del bosque y esconderme en algún lugar entre los arbustos, así podré descansar y nadie me encontrará.

Pero aún era temprano y recordó que Amigo le había dicho que tendría que caminar treinta kilómetros cada día si quería llegar al mar. Además, siempre debería ir hacia el sur. Miró al cielo buscando el sol. Éste estaba ligeramente a su derecha y ya eran las primeras horas de la tarde. Lenara sabía que el sol salía por el este y se ponía por el oeste. Así que el sol se movía de izquierda a derecha, y justo en medio de esos dos puntos estaba el sur. El camino o sendero por el que caminaba ahora apuntaba exactamente al sur.

— «Muy bien, así que estoy en el camino correcto», dijo alegremente, y empezó a trotar rápidamente.

Mantuvo este ritmo durante casi dos horas, siempre caminando por el bosque. A veces el camino hacía una curva o se bifurcaba, pero ella siempre miraba hacia el sol y de esta manera se aseguraba de caminar más o menos hacia el sur. Sin embargo, después de dos horas estaba cansada, y ya se acercaba la noche.

El bosque también se terminaba, delante de ella había un gran campo. El camino salía directamente del bosque a través de prados y campos.

Buscaré un lugar donde pueda dormir toda la noche, y mañana seguiré la marcha, pensó. Dicho y hecho, caminó un poco de un lado a otro y pronto encontró unos arbustos que le ofrecían un lugar para dormir y donde estaría bien protegida de las miradas de cualquier persona que pudiera pasar por allí. Así que Lenara se tumbó entre los arbustos, se puso cómoda y empezó a pensar en lo que había vivido hoy. Por supuesto, echaba de menos a Donna y a Amigo.

Ojalá pueda volver a verlos pronto, pensó, y ojalá pueda volver a ver a Susi también. De hecho, su mayor preocupación era que ahora estaba separada de ella. ¿Qué pensaría y estaría haciendo Susi, ahora que ella había huido? Pero seguramente entenderá que la culpa es de su madrastra, ya que ella la quería vender.

Con los pensamientos dándole vueltas pronto se hizo de noche y se quedó dormida y, como estaba tan cansada, durmió profundamente hasta la madrugada.

8 Lenara encuentra un nuevo amigo

Lenara se despertó temprano, con los primeros rayos de sol. Un momento antes había escuchado el canto de los pájaros y muchos murmullos en el bosque. Poco a poco iba despertándose.

Al principio, cuando abrió los ojos, miró asombrada a su alrededor. ¿Dónde estaba? Empezaba recordar que ayer se había escapado de la granja y que había pasado la noche aquí en el bosque. Sí, por supuesto, estoy de camino al sur, a la tierra de los caballos libres, reflexionaba Lenara.

De buen humor, se levantó y caminó un poco hacia el borde del bosque, tras el cual comenzaba una amplia pradera.

— «Ahora voy a desayunar», se dijo a sí misma y masticó con placer la jugosa y fresca hierba.

Por los alrededores no se veía a nadie, a lo lejos había algunas casas. Todo estaba tranquilo y silencioso y Lenara podía disfrutar de su desayuno en paz.

Después, se puso en marcha, orientándose de nuevo por el sol. Y dejándolo a su izquierda se dirigió al sur. Trotaba directamente hacia las lejanas casas. Poco a poco se fue acercando, era un pequeño pueblo con unas diez casas.

Algunos agricultores ya estaban trabajando. Un tractor acababa de salir de un granero cuando Lenara llegó por la carretera del pueblo. El granjero la miró un poco desconcertado, pero ella pasó corriendo.

Al final del pueblo, Lenara llegó a un prado donde pastaban tres caballos. Uno de los potros se acercó a la valla y preguntó a Lenara:

— «¿Qué haces por aquí? ¿Y por qué estás libre?»

— «Voy de viaje hacia el mar», respondió Lenara.

— «¿Qué, al mar? Alguna vez he oído hablar de ello. ¿Pero dónde está?», preguntó el semental, un poco desconcertado.

Lenara puso una cara muy inteligente, como si lo supiera exactamente donde estaba.

— «El mar está muy al sur, en Francia. Si quieres ir a este lugar, tienes cuatro semanas para llegar».

— «Ay madre mía!, eso sería demasiado agotador para mí. ¿Por qué no te quedas en casa?»

— «Me fui porque me querían vender. ¿Y tú, que tal?»

— «Me llamo Blitz», dijo el potro. «¿Y tú, cómo te llamas?»

— «Lenara», contestó con bastante orgullo, sacudiendo la cabeza y las crines para demostrar que era la yegua más hermosa de todas. «¿Te gusta estar aquí?»

— «Quieres saber si me gusta estar aquí», dijo Blitz. «estoy bastante bien en realidad, pero a veces me aburro mucho. Sobre todo ahora que mi dueño está de vacaciones y no me puede sacar a pasear. Siempre estoy aquí en el establo, es realmente aburrido, todos los días lo mismo. Pero, en primer lugar ¿Dime, cómo conseguiste tu libertad?», preguntó Blitz con curiosidad.

Lenara le contó todo con detalle y Blitz se quedó muy sorprendido con su historia.

— «¿Y ahora quieres ir al mar?», le preguntó incrédulo.

— «Sí, en efecto. ¿No te gustaría acompañarme?» preguntó Lenara «Me vendría bien un compañero como tú».

— «Pues, ahora que lo pienso, un pequeño viaje al mar no estaría nada mal», dijo Blitz pensativo.

— «Bueno», asintió Lenara, «pero supongo que el problema será que tu valla no está rota, por lo tanto no podrás salir de aquí».

— «Oh, sí que puedo», dijo Blitz, «podré hacerlo. Nuestra valla es todavía nueva, pero hay una puerta en la parte trasera que puedo abrir. Después saldré a un gran prado que sólo tiene una valla muy baja y puedo saltarla sin problema. Pero primero quiero despedirme de mis camaradas. Son caballos de trabajo, ellos tiran de remolques pesados y de las máquinas del agricultor. Este no tiene tractor. Es demasiado moderno para él».

— «Hola, Knolli y Polli», relinchó a través de la pradera a los otros dos caballos. Ambos llegaron trotando lentamente.

— «Amigos míos, voy a dejaros por un tiempo y voy a dar un largo paseo».

— «¿Y adónde vas?»

— «Me voy al mar con mi nuevo amiga», dijo Blitz con orgullo, dirigiendo a ambos una mirada presumida.

— «Claro, tú siempre quieres lo que no hay, por supuesto», dijo Knolli. «Para que sirve el mar? Tenemos todo lo necesario aquí, ¿no?»

— «Pues, yo quiero ver el mar, listillo», dijo Blitz, sacudiendo la cabeza ante tanta falta de comprensión. «Quiero vivir una aventura y no quedarme aburrido aquí toda la semana».

— «Aventura», murmuró ahora Polli, «nadie necesita de eso. ¿Para qué sirve? Seguro que acabará mal, ya verás» sentenciaba.

— «Ya he tenido suficiente de tu sabiduría. Cuidaros, amigos, y muchos saludos al granjero. Quizá vuelva algún día, ya veremos».

Knolli y Polli miraron desconcertados a Lenara, luego a Blitz, y luego relincharon un «Adiós» marchando al trote hacia su establo donde pronto serían alimentados.

— «¡Adiós, vosotros dos!», se despidió Blitz desde la puerta, que tiró hábilmente hacia adentro y la abrió.

Ya estaba junto a Lenara y dijo alegremente:

— «¡Así que adelante, vámonos hacia el mar!».

9 Viajando juntos

Lenara y Blitz siguieron juntos, marchando felizmente por prados y campos y a través de los bosques. El tiempo era soleado y cálido y ambos eran muy hábiles para encontrar senderos y evitar las carreteras con coches. Charlaron sobre la vida que habían llevado hasta ahora. Blitz habló de su granja y de lo bien que le había ido allí, pero que ahora se alegraba de ver algo diferente por fin.

El día pasó muy rápido y a última hora de la tarde llegaron de repente a una autopista. Desde una pequeña colina contemplaron esta amplia carretera que se extendía como una cinta interminable en el paisaje. Cientos de coches y camiones iban y venían por esta cinta. Los caballos casi se mareaban si miraban demasiado tiempo.

— «No podemos ir por aquí», dijo Lenara, «es demasiado peligroso».

— «Tienes razón», dijo Blitz, «pero debe haber un puente en algún lugar donde las personas puedan cruzar también».

No tuvieron que esperar mucho, a lo lejos ya podían ver una pequeña ciudad.

— «Allí hay un pueblo», dijo Blitz. «Estoy seguro de que habrá un puente por el que podamos cruzar».

Se acercaron rápidamente al pueblo y un poco más tarde ya estaban allí. Había muchos coches en la carretera. Los coches eran molestos y a veces tocaban el claxon detrás de ellos porque no iban lo suficientemente rápido.

— «Esos tontos», dijo Blitz, «no podemos ir más deprisa».

Sin embargo, intentaron apresurar su paso trotando un

poco mas rápido. En un semáforo, la luz acababa de saltar de verde a amarillo y a rojo. Los dos caballos sabían que tenían que parar en los semáforos en rojo, así que esperaron a que se pusiera verde. Al cabo de unos minutos habían atravesado el pueblo. El camino pasaba por encima de un puente. Debajo de ellos podían ver y oír la autopista con su rugiente ruido de tráfico. Los dos caballos se sintieron muy aliviados cuando finalmente llegaron al otro lado.

— «Uf, lo hemos conseguido», dijo Lenara. Blitz, que iba a la cabeza, dijo:

— «Pronto estaremos otra vez en la pradera, gracias a Dios».

En efecto, un poco más tarde salieron de nuevo a una verde pradera, donde tomaron la dirección al sur por pequeños caminos rurales. Hacia el atardecer se detuvieron a descansar en un prado al borde del bosque. El prado estaba recién segado y olía maravillosamente bien a heno.

— «Podemos comer un poco del heno fresco», dijo Lenara y disfrutaron de una deliciosa cena.

— «Cuéntame un poco más de tu vida» dijo Blitz y Lenara empezó a contarle. Habló de su amiga Susi y después pensativamente dijo:

— «Me pregunto qué estará haciendo ahora. Imagínate, su madrastra intentó separarnos y trató de venderme».

— «Eso está muy mal», dijo Blitz. «Es difícil creer que

haya gente tan mala. Pero Susi no te olvidará. Algún día volverás, o volveremos juntos a visitarla».

— «Buena idea», dijo Lenara. «Lo haremos».

— «¿Y cómo te fue a tí en tu granja de caballos?», le preguntó a Blitz.

Éste empezó a contar la historia. Su dueño era un profesor, un hombre muy amable que venía varias veces por semana a montarlo. También le gustaba llevarle a dar largos paseos y siempre le traía alguna golosina. Pero ahora estaba de vacaciones y no volvería hasta dentro de tres semanas. Se fue a América.

— «Oh, América», dijo Lenara, «ese es el país donde los caballos son muy libres y tienen mucho espacio. Mi compañero Amigo ya me habló de ese lugar. Pero también dijo que está muy lejos y que sólo se podía llegar allí en barco o en avión. Por eso decidí salir de excursión al sur de Francia, al mar».

— «¡Eres un caballo inteligente!», Blitz se maravilló.

— «¡Las cosas que sabes! Nunca he oído hablar de Francia, pero he oído a las personas hablar del mar. Y algunos de nuestra granja también han hablado del Mar de Suabia. Así que no puede estar tan lejos, porque fueron en coche hasta allí en menos de dos horas. También lo llaman LAGO DE CONSTANZA».

Lenara se detuvo y puso cara de interrogación.

— «Nunca he oído de ese lugar. ¿Crees que es un mar de verdad?»

Blitz dijo que podrían preguntar a otros caballos por el camino.

— «Si está cerca de aquí, seguramente lo sabrán y nos lo dirán».

Con estas charlas, el tiempo pasó volando y poco a poco fue cayendo el atardecer. El sol se había puesto tras la próxima colina y paulatinamente se iba oscureciendo. La luna estaba saliendo. Y como había luna llena, no se oscureció del todo por la noche. Una vez vieron a un zorro rondando por el prado, y algunas veces oían la llamada de algún búho. Pero aún así los cansados caballos durmieron muy tranquilos y profundamente en la pradera al borde del bosque. Cuando se despertaban de vez en cuando, veían el hermoso paisaje extendido a la luz de la luna y volvían a dormirse al poco tiempo.

10 En la búsqueda

Susi y su padre se levantaron muy temprano por la mañana. Ambos estaban emocionados y desesperados por volver a encontrar su caballo.

Después de un rápido desayuno, subieron al coche a las ocho y media y se fueron. Primero visitaron el mismo lugar donde habían estado ayer hablando con el guardabosques. Lo encontraron en su casa.

— «Buenos días, ha vuelto a ver nuestro caballo?», preguntó el padre.

— «No, desgraciadamente no. Supongo que habrá tomado esta dirección.» Diciendo esto, señaló con la mano hacia el sur.

— «Ayer galopó en esa dirección, y por ahí se llega al lago de Constanza. Me imagino que pronto estará allí, los caballos se sienten mágicamente atraídos por los grandes lagos, me lo dijo una vez un veterinario. Sólo tenéis que conducir hacia el lago de Constanza y preguntar en los pueblos del camino, quizá tengáis suerte. Cruzaré los dedos por vosotros».

El padre se despidió.

— «Muchas gracias por la información. Espero tener suerte en nuestra búsqueda». Diciendo eso partieron. En el siguiente pueblo preguntaron en la comisaría si habían visto un caballo.

El policía contestó: — «No, lo siento, no hemos visto ningún caballo por aquí».

— «Bien, pero por si acaso dejaré aquí mi dirección y mi número de teléfono», dijo el padre, «si aparece un caballo marrón desconocido por aquí, por favor avíseme para que podamos recogerlo».

También preguntaron en el pueblo de al lado, esta vez en el ayuntamiento. Pero tampoco pudieron obtener ninguna ayuda. Así transcurrió toda la mañana.

Condujeron de un pueblo a otro y preguntaron en todas partes por Lenara, pero nadie la había visto. Dejaron su número de teléfono y su dirección por todas partes, pidiendo que les informaran si Lenara apareciera después de todo. A mediodía, el padre ya tenía hambre y dijo:

— «Es hora de hacer una pausa. Vamos a comer y a descansar un poco».

Fueron a una posada, y mientras comían, hablaron de cómo continuarían la búsqueda.

— «Iremos de una aldea a otra preguntando en todas partes. Alguien debe haber visto a Lenara», opinó Susi.

El padre no estaba de acuerdo.

— «Querida Susi, por aquí hay cientos o incluso miles de pueblos y ni siquiera sabemos qué camino tomó exactamente nuestro caballo. Tal vez no estemos buscando en el área correcta. Es casi como buscar una aguja en un pajar. No tiene sentido, podríamos buscar durante semanas».

— «¿Y qué podemos hacer entonces?», preguntó Susi, un poco decepcionada.

— «Creo que es mejor que volvamos a casa por ahora y que esperemos allí hasta que alguien la haya visto y nos avise».

Susi no tenía ganas de volver a casa todavía, pero lo que le había explicado su padre le parecía razonable. Así que almorzaron tranquilamente y volvieron a casa.

11 El coche de caballos

Los dos caballos habían pasado bien la noche y se despertaron temprano por la mañana con los primeros rayos de sol. Tras un pequeño desayuno de hierba fresca y unos cuantos tragos de agua del arroyo cercano, partieron hacia el sur, pues se suponía que el mar estaba hacia allí.

Estaban de tan buen humor que trotaron con brío por el precioso paisaje. Su camino les llevó a través de verdes praderas y pequeños bosques y, de vez en cuando, a través de pueblecitos.

Al cabo de unas horas llegaron a una granja frente a la cual había un carro de caballos. Dos fuertes caballos de trabajo, uno blanco y el otro gris, estaban enganchados delante del carruaje. Lenara y Blitz se detuvieron allí y se acercaron a ellos.

— «Hola, ¿a dónde vais con este carruaje?», preguntó Lenara.

El caballo blanco contestó:

— «Ahora mismo vamos al mercado. Nuestro granjero está recogiendo algunas cosas que tenemos que llevar. ¿Y vosotros? ¿Adónde vais, solos y sin jinete?»

— «Queremos ir al mar», dijo Blitz con tono presumido.

— «Ya veo», dijo el caballo blanco, y el caballo marrón que estaba a su lado se rió para sí mismo. «Debes referirte al mar de Suabia, al lago de Constanza», dijo entonces.

Lenara se mostró un poco insegura y respondió:

— «Podría ser. Realmente cual sea el mar, no nos importa. Lo principal es que sea un mar. ¿A qué distancia está tu <Mar de Suabia>?»

— «Pues, ya estáis muy cerca. Si marcháis a buen

ritmo, llegaréis esta noche», dijo el caballo blanco. «Una vez fui allí con nuestro granjero en un día y volví al siguiente. Así que podéis solucionarlo bien».

— «¿Y cómo es aquello?», preguntó Blitz. «¿Es hermoso?»

— «Oh sí, es maravilloso, puedes nadar y bañarte allí. El lago de Constanza es muy grande y hermoso. Ya lo veréis».

Mientras seguían hablando, se abrió la puerta de la granja de repente y salió un granjero gordo que llevaba unos bidones de leche.

— «Bueno, ¿qué está pasando aquí?», gritó. «¿Qué hacen aquí estos caballos sueltos? ¿Os habéis escapado?»

Lenara susurró:

— «Creo que será mejor que nos vayamos ya, o el granjero nos traerá problemas».

— «Sí, será mejor que marchéis. A nuestro granjero no le gustan los caballos sueltos», dijo el caballo gris.

Lenara y Blitz se despidieron y trotaron rápidamente por el camino. Pronto se perdieron de vista.

— «Al menos ahora sabemos que no estamos lejos del mar», dijo Blitz.

— «Sí, eso está bien, me alegro», afirmó Lenara. «Estoy deseando ver cómo es aquello. Entonces, hoy podríamos hacer más camino y así podremos dormir más tiempo por la mañana».

Con esta resolución, los caballos emprendieron su animado camino y trotaron alegremente por campos y senderos del bosque, siempre en dirección al sur. Poco a poco, el paisaje se hizo más montañoso y en la distancia ya se podían ver los picos de los Alpes.

— «Mira, allí en la distancia puedes ver las montañas. De ellas me habló Amigo.»

— «Al llegar a estas montañas vamos a girar a la derecha y luego llegaremos a Francia.»

— «Por favor, más despacio», dijo Blitz, «primero déjanos llegar a este mar de Suabia y luego ya veremos».

Lenara estuvo de acuerdo y trotaron a paso ligero y de buen humor en su camino hacia el sur por colinas y valles, pasando por pequeños arroyos y granjas. A veces veían algún rebaño de ovejas pastando, otras veces pasaban por delante de un rebaño de vacas.

12 El dinero está en el banco

De repente vieron unos edificios delante de ellos en la distancia. Al llegar a la pequeña ciudad, muchas personas caminaban por la calle principal. Blitz miró con interés las distintas tiendas y sus mercancías. Pasaron por un puesto de verduras en el que había deliciosas frutas y verduras: coliflor, zanahorias, col blanca, manzanas, peras y fresas.

— «Esto parece muy apetitoso», dijo Blitz. «¿Podríamos comer algo?», le preguntó a Lenara.

— «No, me temo que no podemos, porque no tenemos dinero».

— «¿Dinero? ¿Qué es el dinero? No lo conozco», dijo Blitz y Lenara se lo explicó pacientemente.

— «La gente tiene dinero, son billetes de papel y botones redondos de metal. Se pueden comprar cosas con ellos, o sea que van a una tienda y dicen, POR FAVOR, UN KILO DE MANZANAS, y al recibirlas pagan con el dinero a la persona que las vende. Prácticamente cambian su dinero por manzanas.»

— «¿Y qué tenemos nosotros que podamos intercambiar?», preguntó Blitz.

— «Desgraciadamente de momento no tenemos nada», respondió Lenara.

A esto que se detuvieron frente a un gran escaparate.

— «Eso es un banco, donde está el dinero», comentó Lenara.

Blitz parecía incrédulo.

— «Oh, genial. ¿Por qué no entramos y tomamos un poco del dinero entonces?», preguntó.

— «¡Oh, Blitz, me parece que no sabes nada de nada!», dijo Lenara, respirando profundamente. «Sólo las personas pueden entrar en un banco. Ellos tienen una cuenta allí y ahí es donde guardan su dinero».

— «Qué gracioso! Creo que es injusto que los caballos no tengamos una cuenta con dinero. Si fuera así ya habría comprado una cesta de manzanas y zanahorias», dijo Blitz.

— «Pero déjame ir a ver como es, un banco».

Y miraron a través de la ventana de la pequeña oficina. A la izquierda había un cajero automático. Más atrás dos hombres estaban de pie frente a una ventanilla.

— «Eso es muy aburrido», dijo Blitz, «no se ve nada allí».

— «Sí», dijo Lenara, «no hay mucho que ver aquí. Es sólo gente que entra para sacar o meter su dinero. En realidad es una historia aburrida. Creo que mejor seguimos nuestro camino».

— «Es curioso», dijo Blitz de repente, «esos dos hombres frente a la ventanilla del cajero tienen vendas negras en la cara como en el carnaval, y ambos en su mano derecha tienen algo parecido a un pepino negro. Creo que están celebrando el carnaval».

— «¿De qué estás hablando?», dijo Lenara, mirando fijamente a través de la ventana. Y lo que vio la sobresaltó.

— «Tienes razón, esos dos hombres tienen una tela negra sobre sus rostros».

Blitz preguntó:

— «¿Hay que llevar eso cuando se entra en un banco?»

— «No, claro que no, todo lo contrario. Esos dos hombres son gente mala».

— «¿Y por qué tienen un pepino en la mano derecha?», preguntó Blitz inocentemente.

— «Eso no es un pepino, amigo mío», dijo ahora Lenara impaciente, «es una pistola».

— «¿Pero qué es eso?», preguntó Blitz, ofendido.

— «Una pistola es un arma, con la que puedes disparar y matar a alguien».

Blitz seguía sin entender lo que Lenara le estaba explicando.

— «Verdaderamente no entiendo nada. Si estos hombres vienen por dinero, ¿por qué quieren disparar y llevan máscaras?»

Lenara parecía asustada mientras le decía a Blitz:

— «Estos dos hombres son ladrones de bancos. Roban el dinero, se llevan un dinero que no les pertenece. Utilizan las máscaras para ocultar sus rostros. Y las armas les sirven para asustar a los demás».

— «¿Es así?», dijo Blitz, enfadándose. «¡Son tipos malos! ¿Qué vamos a hacer si salen ahora?»

13 Dos caballos golpean

— «¿Tal vez también quieran dispararnos o robarnos?»

— «Me parece que no pueden robarnos nada porque no tenemos nada», dijo Lenara, «pero podrían dispararnos y nos harían daño». ¿Qué podríamos hacer?

— «Pienso que deberíamos derribarlos en cuanto salgan».

— «¿Crees que podremos hacerlo?», preguntó Lenara a Blitz.

— «Si yo los golpeo fuertemente con mis pezuñas traseras, seguro que se quedan en el suelo durante unos minutos», contestó Blitz.

— «Vale, lo haremos», dijo Lenara tras una rápida decisión. «Nos pondremos aquí delante de la puerta. Y yo me colocaré al lado derecho, junto al escaparate, de espaldas a la puerta. Tú te colocas delante de la puerta con las patas traseras en dirección hacia ella. Cuando salgan, los dos golpearemos. Yo me encargaré del primero y tú del segundo, ¿vale?»

— «De acuerdo», dijo Blitz. Así que se alinearon de

esa manera y Blitz volvió a preguntar:

— «Entonces, ¿tú quieres golpear primero, Lenara?».

— «Sí, y cuando el segundo hombre salga, entonces atacas tú, Blitz».

Los caballos esperaron ansiosos para ver qué iba a pasar. Al cabo de un rato, que les pareció un tiempo muy largo, se abrió la puerta y salió el primer hombre, todavía con la tela negra delante de la cara.

— «¡Ahora!», gritó Lenara y arremetió con sus patas traseras, golpeando al primer hombre en el lado de las costillas, de modo que cayó gritando de dolor. El segundo hombre salió después y preguntó horrorizado:

— «¿Qué pasa, Karl?»

Entonces vio a Blitz de pie frente a la entrada y chilló:

— «¡Maldito caballo!»

Con su pistola apuntó al animal. Pero ya vino la poderosa patada de Blitz, una gran coz con sus pezuñas traseras directo a su barbilla. Y el hombre cayó como una piedra al suelo y ya no se movió.

— «Tenemos que quitarles las pistolas para que no puedan disparar cuando se despierten», dijo Lenara agarrando con su boca la pistola que había soltado el primer criminal y retirando el arma a unos metros de distancia.

— «Quítale tú también la pistola», dijo Lenara.

Blitz ya lo intentaba, pero no podía sacarle el arma de la mano al hombre. Sin embargo, finalmente lo consiguió y también lanzó esta segunda pistola a unos metros de distancia. Mientras tanto, el primer ladrón que Lenara había derribado empezó a moverse. Se llevó las manos al pecho gimiendo de dolor.

— «Willi, huyamos de aquí, ya que la policía llegará en cualquier momento».

Sacudió a su amigo, pero éste estaba inconsciente y parecía estar sumido en un profundo sueño.

— «Si no vienes ahora, me iré solo», dijo intentando levantarse.

Lenara murmuró a Blitz:

— «Atención. Este hombre quiere huir. Creo que tenemos que impedir que se vaya. ¿Que te parece?»

— «Sí», afirmó Blitz. «Estos dos deben ser detenidos por la policía después de todo. Así que atacaré de nuevo».

Y diciendo esto golpeó al hombre en el estómago con sus pezuñas traseras, haciéndole gritar de dolor. Y el hombre cayó de nuevo al suelo. De repente, se oyó una sirena y llegaron dos coches de policía con luces azules intermitentes. Blitz la oyó con miedo y rápidamente le preguntó a Lenara:

— «¿Nos vamos ya?».

— «No», respondió ella, «nos quedaremos aquí ahora y les mostraremos como hemos atrapado a estos criminales. Así quizá consigamos algo de dinero y podríamos comprar algunas verduras».

Los policías ya estaban allí y frenaron bruscamente bajándose de los coches. Al parecer, el funcionario del banco había activado el sistema de alarma y los había llamado. Los policías sacaron sus pistolas y miraron asombrados a los dos delincuentes tirados en el suelo. Luego miraron a los caballos, que relinchaban amistosamente. Uno de los policías le dijo al otro:

— «Oye, creo que estos caballos tiraron al suelo a los atracadores del banco».

— «No puede ser», dijo el otro policía, mirando incrédulo a los caballos y luego a los dos ladrones tumbados en el suelo. Algunas personas salieron de las casas vecinas y empezaron a hablar animadamente con los policías.

— «Lo vi claramente», dijo una mujer mayor, «miré por la ventana. Y esos dos caballos derribaron a los ladrones. Los caballos son nuestros salvadores».

El cajero del banco también salió de la sucursal y le dijo al policía:

— «Gracias a Dios que han venido tan rápido. Estos dos animales nos salvaron. Los bandidos se llenaron los bolsillos con dinero. Pero cuando atravesaron la puerta, los caballos les estaban esperando fuera. Y les dieron unas coces con sus patas traseras, así que los hombres se desplomaron. Nunca he visto nada igual. Esos caballos son verdaderos héroes».

— «Bueno, ya ves», dijo el primer policía al segundo.
— «Ya te dije que los caballos habían atrapado a los bandidos. Ahora la única pregunta es: ¿A quien pertenecen?».

14 Lenara llega a ser famosa

— «Lo averiguaremos seguramente pronto», dijo el empleado del banco y dio una palmadita amistosa primero a Lenara y luego a Blitz. Los dos animales lo aguantaron en silencio y de buen humor. Se dieron cuenta de que la gente estaba entusiasmada con ellos y esperaban con curiosidad a ver qué pasaría ahora.

— «Estos caballos no son de este pueblo», dijo el policía, «conozco a toda la gente de aquí y nadie tiene caballos así. Deben ser de otro lugar».

Un fuerte chirrido de neumáticos de un coche sobresaltó ahora a todo el grupo. El coche había entrado rápidamente a la ciudad y frenó bruscamente justo delante del banco. Un hombre y una mujer se bajaron y en su coche estaba escrito «Noticias de Suabia». Eran del periódico. El hombre llevaba una cámara fotográfica e inmediatamente empezó a hacer fotos. La mujer sostuvo un micrófono frente a la cara de un policía y le preguntó qué había pasado allí.

— «Por favor, cuéntenos todo, queremos escribir un artículo para el periódico».

El policía contó lo que sabía y la reportera preguntó después al funcionario del banco.

— «Estos dos hombres querían llevarse nuestro dinero, me amenazaron con armas y tuve que darles todo el efectivo que había en la caja. Se llenaron los bolsillos con el dinero y salieron corriendo por la puerta, pero allí les esperaban esos dos caballos que derribaron a los hombres con sus patas traseras. Nunca había visto algo igual. Esos caballos son realmente supercaballos».

— «Es una gran historia», dijo la reportera, «será un artículo emocionante y nuestros lectores estarán contentos de leer una historia tan interesante. Haz más fotos de los animales», le dijo a su colega y éste sacó fotos a los caballos desde todos los lados. Luego dijo a los policías:

— «Publicaremos las fotos de los caballos en el periódico y también mostraremos las imágenes por la televisión».

— «Eso estaría bien», dijo el policía, «porque todavía no sabemos a quién pertenecen estos animales. No son de este lugar».

— «Ajá, eso es interesante», dijo el fotógrafo. «¿ Entonces como es que estos caballos se pasean por aquí tan libremente?»

— «Tampoco lo sabemos nosotros», comentó el otro policía. «De todos modos, han hecho un buen trabajo aquí y deberíamos darles una recompensa, se lo merecen».

— «Sus propietarios recibirán una buena recompensa de mi banco», dijo el funcionario, «porque ahora recuperamos el dinero robado y a cambio los propietarios recibirán dos mil euros cada uno».

Lenara estaba escuchando y le dijo en voz baja a Blitz:

— «Esto es genial, vamos a conseguir mucho dinero. Nuestros propietarios se alegrarán por ello».

Para entonces los policías habían esposado a los bandidos que seguían inconscientes. Cuando recuperaron lentamente la conciencia, miraron perplejos a los policías que ahora les ayudaban a ponerse en pie.

— «¡Mis queridos amigos! Aquí termina vuestra visita al banco. Ahora dejadme ver lo que tenéis en los bolsillos».

A continuación, el policía sacó muchos billetes de los bolsillos de las chaquetas de los hombres dándoselos al funcionario del banco, que estaba encantado y sonriendo.

Los dos atracadores tenían muchos miles de euros en sus bolsillos. Miraron a su alrededor muy desconcertados y descontentos. Por supuesto, no era así como lo habían planeado. Su sueño de ganar mucho dinero sin esfuerzo se había desvanecido.

— «Entonces», dijo el policía, «nos iremos ahora llevándonos a los dos ladrones a la cárcel. Allí tendrán tiempo para pensar en el robo durante los próximos años. Y por favor, publiquen las fotos de los caballos en el periódico», le dijo al periodista. — «Así supongo y espero que pronto

sabremos quiénes son sus propietarios».

— «Pero deberíamos hacer algo bueno por los animales, al menos darles algo de comer», dijo ahora el empleado del banco.

— «Por desgracia, en la sucursal sólo hay dinero, y los

caballos no pueden comer eso. Así que iré al puesto de verduras de allí y les compraré algo. ¿Qué les gusta comer a los caballos?», preguntó a los policías, pero éstos se encogieron de hombros.

— «No lo sabemos con seguridad, tal vez zanahorias.»

Los caballos que lo habían oído se encaminaron lentamente hacia el puesto de verduras. El funcionario del banco se dio cuenta de esto y dijo:

— «Mira eso, los animales son inteligentes, me han oído», y acompañó a los caballos al puesto de verduras.

— «Ajá», dijo la dependienta de la frutería, «así que aquí vienen nuestros héroes».

El empleado del banco preguntó:

— «¿Qué cree que les gusta comer a estos animales?».

La señora no estaba muy segura, pero Lenara dio la respuesta, pues ya tenía una zanahoria gorda en la boca.

— «Ya veo», dijo la dependienta, «creo que los animales ya han elegido. ¡Que sean zanahorias! ¿Y tú?», le preguntó a Blitz, «¿qué quieres?»

Él se dirigió a las cajas de fruta, cogiendo con su hocico una gran pera y la mordió con gusto.

— «Muy bien», dijo el empleado del banco, «deme dos kilos de zanahorias y dos kilos de peras, así los animales tendrán algo para comer».

La dependienta contestó:

— «Puede dejar a los animales, que se coman las cosas aquí mismo».

El funcionario del banco pagó y se despidió de los dos caballos con una palmadita amistosa. Cuando habían comido todo, un ayudante del alcalde se acercó a ellos y los llevó a un gran establo. Allí les dieron avena para comer y agua fresca.

— «Podéis pasar la noche aquí», les dijo el hombre saliendo del lugar.

Lenara y Blitz comieron hasta saciarse y luego se tumbaron en la paja para descansar.

— «Bueno, fue un día emocionante, ¿no?», dijo Blitz.

— «Sí, es verdad. Pero aún no ha oscurecido, ¿y quieren encerrarnos aquí para dormir? Eso no me gusta nada», dijo Lenara.

— «En realidad, tienes razón», dijo Blitz. Podríamos caminar un poco más y pasar la noche en algún lugar del bosque.

— «Buena idea», respondió Lenara. «¿Eres capaz de abrir la puerta?»

— «Por supuesto», dijo Blitz, «el hombre no la cerró».

Diciendo esto se levantó y abrió el pestillo de la puerta con la boca. Luego empujó la puerta hacia la derecha y ésta se abrió lentamente.

— «Gran trabajo», dijo Lenara, «así que vámonos».

Tranquilamente Lenara y Blitz salieron de la ciudad. Los periodistas y los policías ya se habían ido y el lugar volvía a estar en calma. Caminaron durante otra hora por praderas y pequeños bosques cansándose poco a poco.

Mientras tanto, se hizo de noche y los dos animales buscaron un sitio tranquilo en un prado al borde del bosque, donde pasaron la noche en paz hablando una vez más de las emocionantes experiencias de ese día hasta que finalmente se quedaron dormidos.

15 Susi ve las noticias

Susi y su padre habían buscado a Lenara el día anterior sin éxito y habían vuelto a casa desanimados.

— «Tenemos que esperar hasta saber dónde está Lenara. En algún momento nos llamará alguien que la haya visto. Necesitamos tener paciencia ahora», había dicho el padre.

Al día siguiente esperaron en vano una llamada y estaban tristes. Por la noche se sentaron frente al televisor viendo las noticias del país. A Susi no le interesaba especialmente el telediario, pero en ese momento no tenía nada mejor que hacer. Salió un informe sobre una escuela y Susi dijo:

— «Espero que tengamos vacaciones pronto».

El padre le corrigió:

— «Pues alégrate de poder ir a la escuela, hay muchos niños en el mundo que ni siquiera tienen escuela».

— «Sí, lo sé», dijo Susi, «no quería decir eso. Pero siempre están hablando de lo mismo en las noticias, lo encuentro aburrido».

Pero de pronto entró en escena una reportera con un micrófono en la mano y detrás de ella se veían caballos.

— «Señoras y señores, hoy ha habido un atraco a un banco en Pfullendorf. Y gracias a los esfuerzos de dos valientes caballos consiguieron dejar indefensos a los ladrones del banco».

— «Bueno, ahora me parece mas interesante», dijo Susi, «por fin aparece algo que no es tan aburrido».

La cámara se desplazó hacía los dos caballos parados en el mercado de un pueblo. La periodista siguió hablando.

— «Estos dos caballos son los héroes de este pueblo.

Gracias a sus valientes esfuerzos, fueron detenidos los atracadores del banco y no pudieron huir con miles de euros. En agradecimiento, el banco ha prometido una recompensa de dos mil euros para cada uno de estos caballos. Por supuesto serán sus propietarios quienes recibirán este dinero. Sin embargo, por el momento no se sabe a quién pertenecen. Si ustedes, mis queridos espectadores, tienen alguna información, por favor, pónganse en contacto con Televisión Sur, el número de teléfono se muestra a continuación.»

— «¡Es Lenara, papá, mira!» gritó Susi excitada.

El padre también estaba muy emocionado:

— «Tienes razón, ése sí es nuestro caballo».

— «Es increíble», contestó Susi. «Tienes que llamar enseguida, el número de teléfono está debajo de la imagen en pantalla».

Tel: 676812098

Ahora mismo el padre cogió el teléfono.

— «¡Hemos visto nuestro caballo en la televisión! ¿Cuándo podemos recogerla y dónde exactamente?»

Le dieron una dirección, que él anotó.

— «Bueno ya, he tomado nota de ello. Así que iremos mañana por la mañana a recoger a Lenara. Quién es el dueño del otro caballo, no lo sé. Bien, entonces iremos mañana».

— «Ahora ya sabemos dónde está Lenara», dijo a Susi, «está en Pfullendorf, cerca del lago de Constanza. Y podemos ir a recogerla mañana.»

— «Que bien», se alegró Susi y abrazó a su padre. «Eso es genial, gracias a Dios que ahora la hemos podido encontrar».

— «Sí, yo también me alegro», dijo el padre. «Pero ahora nos iremos a dormir temprano, porque mañana tenemos un largo viaje y saldremos temprano».

16 El robo de unas manzanas

Eran las seis de la mañana cuando Lenara se despertó al oír un tractor en un campo cercano. Le dio un codazo a Blitz, que seguía durmiendo, y refunfuñó:

— «Levántate, dormilón. Hoy nos vamos para el mar. Estoy deseando que tomemos nuestro primer baño. ¿Sabes nadar?»

— «Por supuesto», dijo Blitz todavía medio dormido, «he estado nadando en el estanque de nuestro pueblo con mi madre desde que era un pequeño potro y nado como un pez».

— «Excelente, entonces no tengo que preocuparme de que te ahogues, porque sería terrible».

Y diciendo esto se pusieron en marcha trotando alegremente hacia un día azul. El canto de los pájaros se oía por todas partes, y el sol de la mañana brillaba a través de las ramas del bosque.

— «¿Cómo sabes que vamos por el buen camino?», preguntó Blitz en un momento dado.

— «Sólo tienes que mirar el sol», dijo Lenara, «está a

la izquierda de nosotros al este y vamos hacia el sur. Creo que ya puedo oler el mar».

— «Bueno, no te dejes llevar», dijo Blitz. «No creo que puedas olerlo».

Así que hablaron y discutieron sobre esto y lo otro, parando alguna vez a medias para desayunar una buena ración de hierba. Después volvieron a marchar felices.

De repente llegó el gran momento: saliendo de un pequeño bosque su vista se abrió al pintoresco paisaje del lago de Constanza. El lago parecía un espejo que brillaba en la distancia. Era una enorme superficie de agua que se extendía frente a ellos. Delante de ella había verdes campos y bosques y por detrás del lago podían ver las altas montañas de los Alpes.

Los dos se quedaron atónitos de asombro.

— «¡Hurra, estamos en el mar!», gritó Lenara con alegría y Blitz relinchó en los tonos más altos.

— «Yo no pensaba que sería tan bonito», dijo Blitz.

— «Yo tampoco me imaginaba que fuera así», dijo Lenara asombrada.

— «¡Esto es realmente precioso! Pero aún queda un buen trecho hasta llegar al agua. Estaremos en el camino durante una hora más».

Eran cerca de las ocho de la mañana y el aire aún era fresco, así que los dos trotaron animados y llegaron al lago poco después de las nueve. Delante de ellos había una gran zona con muchas tiendas de campaña y autocaravanas y con un montón de gente.

— «No creo que podamos pasar por ahí», dijo Lenara, «hay demasiada gente. Probablemente no les guste que pasemos por aquí. Mejor sería que fuésemos más a la derecha, por allí hay huertos y no parece que encontremos a nadie. Así que podremos pasar sin problemas.»

Dicho y hecho. Trotaron a lo largo del pequeño camino hasta que el campamento quedó detrás de ellos en la distancia. Por la izquierda había grandes campos con árboles frutales.

— «Pasaremos por aquí, ya no está lejos el agua».

Caminaron entre los manzanos, pero Blitz se detuvo y dijo:

— «Mira esto, hay cientos de manzanas colgando aquí, comamos unas cuantas.»

Lenara no necesitó que se lo dijeran dos veces. Así que comenzaron a coger las jugosas manzanas directamente del árbol y a morderlas.

De repente, se dieron cuenta de que se acercaba un coche. Las puertas se abrieron y se oyeron voces de hombres. En voz baja, Lenara susurró a su amigo Blitz:

— «Creo que viene alguien».

Sobresaltada, se dio cuenta de que entre las dos hileras de árboles de la carretera, dos hombres corrían hacia ellos, haciendo gestos gritando con fuerza:

— «Fuera de aquí, malditos caballos de labranza. Dejad nuestras manzanas en paz».

— «¡Vámonos de aquí lo más rápido posible!», gritó Lenara que ya estaba galopando entre las hileras de árboles hacia el lago. Blitz corrió tras ella y pronto los dos hombres se detuvieron cansados, pues vieron que no podían alcanzarlos.

17 Por fin el mar

— «Nos ha ido por poco», jadeó Blitz, «pero al menos disfrutamos de un desayuno reconfortante, las manzanas estaban muy buenas».

— «Sí, tienes razón, me habría venido bien coger alguna más», respondió Lenara. Ella también estaba sin aliento.

— «¡Pero mira, hemos llegado a la playa y al mar.»

Y diciendo esto corrió al lago que empezaba justo detrás del prado. Por esa parte no había gente, sólo a unos cien metros se veía algunos bañistas tumbados en sus toallas, otros también estaban nadando a lo lejos.

— «Entonces, vamos al agua», dijo Lenara alegremente y, lentamente y con cuidado, ambos caballos se adentraron en el lago hasta que finalmente estuvieron en el agua hasta el cuello.

— «Ahora puedes demostrarme si sabes nadar», dijo Lenara a Blitz. Pero Blitz se limitó a reír y contestó:

— «Probablemente puedas aprender a nadar bien conmigo. »

Y se adentró nadando con potentes zancadas hasta

donde ya no era posible mantenerse de pie. Lenara nadó tras él gritando:

— «¡Esto es realmente genial! ¡Por fin!».

Y con gran entusiasmo y alegría los dos se pusieron a jugar como niños pequeños. Se persiguieron sumergiéndose, con resoplidos, chapoteos y más chapoteos, así que finalmente las personas que estaban en tierra y en el agua se dieron cuenta de su presencia.

Si Lenara y Blitz hubieran observado a la gente con atención, se habrían percatado de que algunas personas sostenían sus teléfonos móviles y hablaban mientras observaban atentos a los animales.

Pero Lenara y Blitz estaban tan ocupados con sus juegos acuáticos y disfrutaban tanto de su baño en el agua fresca y limpia del lago de Constanza que no prestaron atención a la gente.

Ambos se olvidaron de todo lo que les rodeaba, sin prestar atención a nada más excepto su juego en el agua. Sin embargo, en algún momento, Lenara le dijo a Blitz:

— «Creo que nos vendría bien un descanso, me estoy cansando. ¿Qué te parece?»

Blitz accedió y se dirigieron nadando lentamente hacia la orilla. Y mientras se iba acercando se dio cuenta de que en la orilla había una gran multitud de gente de pie, todos mirándolos con curiosidad. Algunas personas llevaban cámaras fotográficas y estaban haciéndoles fotos.

— «¿Pero que esta pasando, Blitz?», preguntó Lenara, bastante sorprendida. «¿Qué hace toda esta gente aquí? ¿Nos persiguen?»

— «Así lo parece», dijo Blitz y los dos caballos se detuvieron en el agua.

En ese momento, un coche de policía se acercó. Varios agentes bajaron de él y hicieron retroceder a la multitud.

— «¡Por favor, apártense!», gritó un portavoz de la policía por un megáfono. «¡Abran paso a nuestros dos héroes! Estos son los supercaballos que atraparon a los ladrones. Queremos darles una cordial bienvenida. Por favor, retrocedan o los animales se asustarán».

Lenara escuchó con mucha atención lo que acababa de decir el policía y después le dijo a Blitz:

— «Al parecer, quieren darnos la bienvenida aquí y premiarnos por nuestra buena acción contra los ladrones. Al menos eso es lo que acaba de decir este policía. Así que vayamos a tierra y veamos qué sucede».

Lentamente fueron saliendo hasta la playa. Los policías uniformados les sonreían amablemente y les daban ánimos.

— «No tengáis miedo, mis queridos caballos, nos alegramos de haberos encontrado, y aquí tenéis algo sabroso para comer».

A continuación, uno de los policías metió la mano en un cubo de plástico, sacando dos manojos de zanahorias y dándoselos a los caballos.

Blitz y Lenara que estaban hambrientos se comieron las sabrosas zanahorias. Entonces llegó otro policía con una carretilla llena de avena y la puso delante de los caballos.

— «Aja, la gente realmente tiene buenas intenciones hacia nosotros», murmuró Lenara a Blitz, que tenía la nariz metida en la avena.

— «Sí, unas vacaciones cortas junto al mar son algo verdaderamente agradable», refunfuñó Blitz mientras seguía mascando la avena.

En ese momento otro policía trajo un cubo con agua y lo colocó junto a la avena. La gente observaba a los caballos con curiosidad y se divertía. Algunos hablaban entre sí en pequeños grupos y contaban la historia de cómo los caballos habían dominado a los atracadores del banco. Todo el mundo se alegraba por estar allí para saludar a estos caballos, porque algo así no ocurría todos los días. La noche anterior habían visto el reportaje sobre los dos caballos en la televisión y el locutor dijo que no se sabía a quien pertenecían los animales, y que el propietario debería presentarse a recoger sus caballos y la recompensa.

Se desconocía si los propietarios ya se habían enterado de que los caballos estaban aquí. Cada vez eran más las personas que se hacían la misma pregunta, hasta que finalmente se lo preguntaron a la policía.

Un policía cogió el megáfono dirigiéndose a la multitud.

— «¡Señoras y señores, queridos visitantes! Me complace mucho que podamos hoy aquí reunidos dar la bienvenida a los dos supercaballos. Han recorrido un largo camino y acaban de disfrutar de un refrescante baño en nuestro hermoso lago de Constanza.

Hace media hora el socorrista observó a los animales como entraban en el agua e inmediatamente nos llamó. Nosotros hemos notificado a sus propietarios por teléfono que ya están de camino para recoger a sus animales. Los caballos son un poco tímidos cuando hay demasiada gente a su alrededor. Por eso les pido que retrocedan unos diez metros, para que los ellos no se pongan nerviosos. Ahora dejemos que coman y descansen un poco, creo que sus dueños llegarán pronto».

La gente hizo lo que el policía les había pedido. Retrocedieron unos metros para que ahora hubiera mucho más espacio alrededor de los caballos. Lenara había escuchado el discurso del policía y murmuró a su amigo Blitz:

— «Adelante, come, que aquí nos quieren mimar un poco. Al parecer, nuestros dueños vendrán pronto a recogernos».

Un veterinario también había llegado mientras tanto y

se sentó junto a los caballos, que a estas alturas se habían tumbado cómodamente en la hierba. Les habló amablemente y les dio unas palmaditas. Le habían llamado por si los animales se ponían inquietos o querían huir. Pero Lenara y Blitz estaban muy contentos. Seguían comiendo lo que les habían traído y disfrutaban. De vez en cuando se decían frases cortas.

— «Se está muy bien aquí junto al mar», dijo Blitz. «Lo estoy pasando fenomenal. Y la gente es muy amable y nos mima. Creo que es porque les hemos ayudado a detener a los ladrones. Nos quieren recompensar».

— «Realmente eres un tipo inteligente», dijo Lenara riéndose.

De repente, un coche se detuvo. Alguien se bajó y salió corriendo atravesando la multitud hacia los caballos. Era una niña y cuando vio a Lenara tendida en la playa, gritó de alegría y saltó hacia su caballo. Lenara también se levantó inmediatamente y relinchó contenta porque su Susi había llegado. La niña rodeó el cuello del caballo con sus brazos y acurrucó su cara contra el animal. El padre también se acercó a la multitud y se le iluminó la cara. Los policías le saludaron:

— «Qué bueno que esté aquí, Sr. Schmidt. Se acabó la búsqueda y todo ha salido bien».

— «Sí, yo también me alegro de que por fin hayamos

vuelto a encontrar nuestro querido caballo», dijo el padre. «Tuvimos un gran susto cuando de repente se escapó».

En esos momentos por detrás del padre venían reporteros con cámaras y micrófonos e inmediatamente empezaron a tomar fotos de Susi y Lenara. Un periodista sostuvo un micrófono frente al padre y le preguntó:

— «¿Cómo se siente ahora, Sr. Schmidt?»

— «Mi hija Susi y yo estamos muy contentos de estar reunidos de nuevo con nuestra Lenara», contestó.

— «¿Y qué va a hacer ahora?», preguntó el periodista.

— «Nos quedaremos aquí hoy y seguramente alquilaremos una caravana en el camping de aquí, y mañana volveremos a casa. Pero ahora, por favor, discúlpenme. Quiero estar con mi familia».

El padre se volvió yendo hacia Susi y Lenara, pero un policía le retuvo y le dijo:

— «Recibirá una recompensa de dos mil euros porque su caballo impidió el atraco al banco y facilitó que los ladrones fueran detenidos».

— «¡Nos alegramos mucho, por supuesto!», dijo el padre. «Este es realmente un día genial, y ahora vamos a darnos el capricho de comer un gran helado todos juntos. Y luego ya iremos a buscar un coche caravana para esta noche».

El padre se despidió de la policía y de los periodistas

agradeciéndoles a todos su valiosa ayuda y caminando con Susi y Lenara por el prado hacia el campamento cercano. Antes de irse, le preguntó al policía:

— «¿Y el otro caballo? ¿Será recogido?»

— «Sí, ya hemos encontrado al propietario, lo vendrá a recoger más tarde», dijo el policía.

— «Muy bien, entonces todo está bien».

Lenara no se dejó llevar de inmediato. Se detuvo para despedirse de Blitz.

— «Ahora tengo que ir con mi familia, querido», dijo. «Acabo de enterarme de que tus propietarios también vienen a recogerte hoy. Ha sido un placer conocerte».

— «Sí», dijo Blitz, «ha sido una gran aventura contigo, gracias por convencerme de acompañarte en esta excursión tan agradable y divertida.».

Lenara relinchó con fuerza y luego le dijo:

— «Algún día nos volveremos a encontrar, sé dónde está tu granja, un día te visitaré. Cuídate, mi querido Blitz, y hasta pronto. Adiós».

A eso, los caballos se despidieron y Lenara se fue trotando con Susi y su padre. Los reporteros del periódico también tomaron fotos de todo aquello y luego se subieron a sus coches volviendo a sus oficinas para escribir los artículos que aparecerían en las noticias del día siguiente.

Susi no podía calmarse de la alegría de volver a ver a Lenara y su padre la subió a lomos del caballo. Con gran alegría, Lenara salió al galope con Susi y atravesaron el campo a la velocidad del rayo. Sólo cuando se oyó la fuerte llamada de su padre desde la distancia, dieron la vuelta y regresaron.

— «Ahora por fin hemos recuperado a nuestra Lenara», dijo Susi a su padre. «¿Pero qué haremos si Katharina quiere venderla de nuevo?»

El padre puso cara seria y respondió:

— «Katharina podrá vender lo que quiera en el futuro, pero en cualquier caso nunca más a nuestro caballo. Le he dicho a Katharina que ya no la queremos con nosotros, que debería buscarse otro compañero. No quiero una mujer que sin decirnos nada venda a nuestra Lenara a mis espaldas. Así que el capítulo Katharina está cerrado, ya no tienes que tener miedo. Nadie volverá a separarte de Lenara».

Susi se alegró de oírlo y se acurrucó con fuerza contra el cuello de su caballo.

Lenara relinchó alegrándose y todos estaban contentos y felices. Pasaron la tarde en el camping y salieron a pasear por el lago de Constanza. A Susi se le permitió sentarse a lomos de su caballo y disfrutaron de la maravillosa vista del lago y de las montañas del otro lado del lago. Por la noche durmieron en la caravana que habían alquilado.

Al día siguiente volvieron a casa. Su padre trajo un remolque para caballos y dos horas después estaban de regreso en casa y llevaron a Lenara a la pensión de la señora Wagner.

Ella también se alegró mucho de volver a ver al caballo. A partir de entonces, Susi y Lenara fueron más amigas que nunca y pasaron juntas muchas, muchas más jornadas bonitas.

Amigo y Donna también estaban increíblemente satisfechos de que su querida amiga Lenara estuviera por fin de vuelta y pudieran retozar y jugar con ella en el prado, y todos estaban felices y contentos de estar juntos.

Erwin Schüller, nacido en 1952, creció en Stuttgart, Alemania. Estudió lengua y literatura inglesa e hispánica en Stuttgart, Freiburg y Barcelona.

Como estudiante fue cofundador y miembro activo del Partido Verde de Baden-Württemberg.

Vivió en España, de 1974 a 1976, trabajando como profesor de alemán y estudiando en la Universidad de Barcelona.

Tras superar el examen estatal para docente en escuelas secundarias trabajó en educación de adultos y más tarde como profesor en colegios de Alemania enseñando inglés y español. Hoy vive en una pequeña aldea de Baviera.

Publicaciones:
2021: *Mord am Schiller-Gymnasium*, novela
(ISBN: 978-3-7534-4609-7).
2021: traducciones de la anterior:
Murder at the Grammar School, bajo el seudónimo
Irvin Schuller (ISBN: 978-3-7534-9607-8),
Asesinato en la Escuela Schiller (ISBN: 978-8-4112-3008-7)

Email: eschueller@web.de

Julia Lahiguera Cobacho nació en Barcelona / España en 1954.

Su formación académica en Bellas Artes comenzó a temprana edad con su vocación por el dibujo y la creación. Sus primeros trabajos fueron en el ámbito publicitario, pasando a la cerámica por la inquietud de experimentar con nuevos materiales y técnicas artísticas.

Hizo una serie de exposiciones a lo largo de los años, tanto de óleo como de escultura y cerámica.

Tenia un taller como ceramista cerca de Barcelona. Más tarde se dedicó al mosaico y la recuperación e investigación de la técnica modernista de vidrieras Cloisonné Glass.

Ademas ha creado un kit de introducción al mosaico. El objetivo fue que cualquier persona con inquietud artística pudiera hacer en su casa y sin supervisión una obra de pequeño formato para experimentar un primer contacto con los materiales y las herramientas del mosaicista.

Email: julialahiguera@gmail.com

Indice:

1 Lenara va a ser vendida............7

2 Un falso veterinario............18

3 Grandes planes............22

4 La huida............26

5 Katharina es muy dura............33

6 Papá, el salvador............37

8 Lenara encuentra un nuevo amigo............51

9 Viajando juntos............56

10 En la búsqueda............61

11 El coche de caballos............64

12 El dinero está en el banco............68

13 Dos caballos golpean............72

14 Lenara llega a ser famosa............77

15 Susi ve las noticias............85

16 El robo de unas manzanas............89

17 Por fin el mar............94